AF267952

LE

LUXEMBOURG

A LA BELGIQUE

IMPRIMERIE GÉNÉRALE DE CH. LAHURE
Rue de Fleurus, 9, à Paris

LE
LUXEMBOURG
A LA BELGIQUE

PAR

A. FOUCHER DE CAREIL

Membre du Conseil général du Calvados

AVEC PIÈCES JUSTIFICATIVES

PARIS

E. DENTU, LIBRAIRE-ÉDITEUR

PALAIS-ROYAL, 17 ET 19, GALERIE D'ORLÉANS

—

1867

LE
LUXEMBOURG
A LA BELGIQUE.

L'opinion s'est émue extraordinairement en France et en Allemagne de la question du Luxembourg. On a compris que cette affaire, qui paraissait petite en elle-même et dans les limites étroites où elle se meut jusqu'à ce jour, ne l'était pas et pouvait devenir très-considérable par ses conséquences. On s'est rappelé que la question du Schleswig-Holstein, engagée d'une manière analogue, paraissait également petite à ses débuts et que c'est d'elle qu'est sortie l'unité de l'Allemagne. L'opinion publique s'est donc justement préoccupée, mais l'incertitude qui pèse sur les esprits a dégénéré en une véritable panique, lorsqu'on a vu M. de Bismark agiter cette question devant le Reichstag et faire en quelque sorte appel à l'opinion de l'Allemagne. Dans ces circonstances

1

graves, le gouvernement a jugé nécessaire de faire au pays et aux Chambres une communication officielle dont nous aurons à apprécier le sens et la portée. Cette communication a été jugée suffisante par la majorité des Chambres, puisqu'elle vient de rejeter toute demande d'interpellation. Elle est trouvée insuffisante par l'opinion publique. Voilà l'état de la question.

La Chambre a-t-elle bien fait de rejeter les demandes d'interpellations qui lui avaient été adressées en présence des explications incomplètes qui lui ont été données? Nous ne le pensons pas, et cette décision évoque un triste souvenir. L'an dernier, presque à pareille époque, M. Thiers et M. Berryer ont voulu, comme ils le voulaient hier, interpeller le gouvernement sur les affaires d'Allemagne, et la Chambre leur a de même fermé la bouche. Quelques jours après ce refus, la guerre éclatait. Nous ne voulons pas prévoir l'avenir et affirmer qu'il en sera de même cette fois. Nous croyons même que c'est par un désir sincère de conserver la paix que le Corps législatif s'est décidé à ce pénible sacrifice de sa prérogative. On a craint qu'il n'en sortît la guerre. Mais l'année dernière aussi c'est dans une intention pacifique qu'on a refusé d'entendre MM. Thiers et Berryer, et pendant ce temps se nouait l'alliance de l'Italie et de la Prusse, avec le consentement de la France, et cette alliance c'était la guerre.

Est-ce la guerre, est-ce la paix que le gouvernement a résolu cette fois, ou bien même a-t-il résolu quelque chose? A-t-il une solution quelconque pour les différentes éventualités qui peuvent surgir? N'hésite-t-il pas, comme l'an dernier, entre toutes les politiques? A-t-il prévu les conséquences de ses actes ou tout au moins de ses velléités d'agir, et ne peut-on pas dire enfin de sa conduite présente ce qu'on a dit si justement de sa conduite de l'année dernière : que, téméraire au début de ses entreprises, elle était pleine d'hésitation et de mollesse lorsqu'il faudrait les pousser avec le plus de résolution et de fermeté? On est préoccupé, quand on songe que les mêmes fautes pourraient avoir des conséquences beaucoup plus graves pour nous, quisqu'il s'agit cette fois, non plus de la Prusse et de l'Autriche, mais de nos propres affaires, et il me semble que le meilleur moyen d'éviter les mêmes maux serait de ne pas retomber dans les mêmes fautes.

La France souffre du mal de l'inconnu comme elle en souffrait l'année dernière à pareille époque. Il semble que le moyen de la guérir, c'est de lui faire connaître avec exactitude son état vrai, sans exagération comme sans faiblesse. C'est ce besoin qui s'est révélé dans le pays par une explosion soudaine. Le gouvernement lui-même paraissait l'avoir senti et, après une insuffisante dépêche aux préfets de nos principaux départements, il a chargé son ministre des affaires étrangères de faire devant les Chambres cette communication officielle qui est déjà l'objet de si nombreux et de si différents commentaires.

Mais il semblait que ce devait être le point de départ et non la fin des interpellations annoncées. Le gouvernement et la majorité de la Chambre n'ont point été de cet avis, et, au lieu d'un débat contradictoire dont la conclusion pacifique eût eu cette vertu d'apaisement qu'on cherche en vain dans le document officiel, la France se trouve rejetée dans de nouvelles incertitudes, en présence d'une communication incomplète dont l'effet, sinon le but, est de tenir plus que jamais la France et l'Europe en suspens.

Tenir la France et l'Europe en suspens, est-ce donc la meilleure politique dans les circonstances présentes, et en serions-nous réduits à considérer l'absence même de solution comme un bienfait? Nous ne le pensons pas. Nous croyons au contraire que là est le mal, et c'est cette conviction raisonnée, déjà ancienne, qui nous a encouragé dans la mesure de de nos forces, et parce que c'est un devoir pour tout bon citoyen, à prendre la plume pour suppléer aux interpellations si vivement écartées et montrer, par un exemple, qu'il peut y avoir des solutions encore peu connues, dont l'effet certain serait la paix de l'Europe avec l'honneur sauf des deux parties. N'eussions-nous contribué qu'indirectement à mettre sur la voie d'une telle solution, que nous regarderions comme un devoir, devant le silence des Chambres et en présence des communications incomplètes du gouvernement, de l'essayer à nos risques et périls.

I

Lorsque M. le ministre des affaires étrangères a
fait devant la Chambre la déclaration du 8 avril dernier, quel a été le premier sentiment de la Chambre?
Qu'elle était incomplète et que le pays avait besoin
de documents pour s'éclairer. C'est là le sens de
toutes les observations qui ont été échangées à la
suite du discours de M. le ministre. Il suffit de con-
sulter le *Moniteur* pour voir que toutes ont porté
sur une demande de documents, parce que le besoin
d'informations plus précises était dans le sentiment
de la Chambre. M. le ministre d'État l'a senti, et c'est
pour tromper en quelque sorte cet appétit qu'on ve-
nait d'irriter au lieu de le satisfaire, qu'il a renouvelé
la distinction fameuse déjà faite à la Haye, qu'il n'y
avait pas eu de négociations, mais des pourparlers;
pas de dépêches envoyées, mais un simple échange
de vues. Et pourtant la majorité, qui n'eût pas été
trop curieuse en demandant à M. le ministre comment on échange des vues sans s'écrire ou se parler,
a persisté elle-même dans l'idée fausse, suivant M. le
ministre, qu'il y avait eu des négociations; car, en
retirant la demande d'interpellation signée par différents membres de la majorité, les signataires se fon-

dent précisément sur ce que *les négociations* sont pendantes.

A moins que ces membres ignorent la différence qu'il y a entre des pourparlers et des négociations, ce que nous ne saurions admettre, la majorité persiste donc à croire qu'il y a des négociations, et M. le ministre ayant refusé d'en faire connaître le texte, il en résulterait que ces négociations ont été ou doivent être tenues secrètes pour aboutir ou pour avorter plus sûrement.

Devant ce refus du gouvernement et de la majorité, quatre documents officiels, authentiques et certains nous restent et vont nous servir à apprécier l'état de la question. On peut les trouver insuffisants, mais ce sont les seules bases sur lesquelles nous puissions raisonner.

Ces quatre documents sont d'abord l'interpellation adressée dans la séance du Reichstag du 1er avril par M. de Bennigsen à M. de Bismark, puis celle de M. Thorbecke à M. Van Zuylen dans la séance du parlement hollandais, puis celle de sir Robert Peel à lord Stanley dans la Chambre des communes (séance du 5 avril), et enfin la communication officielle faite par M. de Moustier, le 8 avril dernier, au Sénat et au Corps législatif.

Apprécier ces quatre documents, les comparer entre eux pour en dégager une lumière plus vive et une presque certitude et leur assigner leur valeur relative, leur demander enfin tout ce qu'ils contiennent relativement aux origines de la question du Luxembourg, à son état présent, aux suites qu'elle peut avoir, tel sera notre premier soin.

Et d'abord, nous allons étonner beaucoup les lecteurs en interrogeant ces documents pour leur demander une réponse à cette question préjudicielle : « y a-t-il une question du Luxembourg? »

En effet, sur le terrain diplomatique, il n'y a de question qu'autant qu'il y a des négociations engagées.

Or, le ministre du roi des Pays-Bas aussi bien que M. le ministre des affaires étrangères et M. le ministre d'État nient qu'il y ait eu des négociations engagées. Le ministre des Pays-Bas, répondant à M. Thorbecke, dissipe même un singulier malentendu qui aurait eu lieu à Berlin comme à la Haye, en ce qui concerne ces négociations. « L'offre faite au roi de Prusse par le représentant de la Hollande de ses bons offices, ne s'appliquait pas à des négociations déjà ouvertes, mais à celles qui pourraient être ouvertes plus tard [1]. »

Et ce serait dès lors par un malentendu que s'expliquerait la fameuse interpellation dans le parlement allemand et la réponse de M. de Bismark.

Mais alors qui a fait naître ce malentendu? et dans quel but? Question bien grave, car c'est de là qu'est sortie, au grand jour de la publicité, cette question du Luxembourg qui n'était pas même engagée.

Nous répondrons donc à cette question préjudicielle : «Non, il n'y avait pas de question du Luxembourg, jusqu'à ce que, par un malentendu regret-

---

1. Voir aux pièces le discours de M. Thorbecke.

table, elle ait été soulevée devant le parlement allemand, et la question est de savoir à qui incombe la responsabilité de ce malentendu. »

Mais y a-t-il une question du Luxembourg, depuis que ce regrettable malentendu a, pour nous servir des paroles mêmes de M. de Moustier, *soulevé l'incident?* Oui, malheureusement, nous ne saurions nous le dissimuler, il y a une question du Luxembourg depuis lors, mais qui peut encore *être restreinte dans les plus étroites limites*, et qui est très-susceptible de solutions pacifiques, *à moins qu'on ne soit fou*, et comme cette confiance est basée sur le texte même des documents diplomatiques, nous allons les mettre sous les yeux du lecteur.

C'est ici que la collation des deux documents émanés, l'un du ministère français, l'autre du ministère anglais, va nous aider à découvrir la vérité. Mais pour cela il faut employer un moyen de comparaison qui aura pour effet de faire ressortir davantage les points que nous voulons mettre en lumière.

M. le ministre des affaires étrangères de France.	*M. le ministre des affaires étrangères d'Angleterre.*
1° Quant aux origines de la question :	
« Le gouvernement français, dominé par la conviction profonde que les intérêts véritables et permanents de la France sont dans la conservation de la paix de l'Eu-	« Tout le monde sait que le gouvernement français a désiré entrer en possession du Luxembourg. »

rope, n'apporte dans ses relations internationales que des
pensées d'apaisement. Aussi
n'a-t-il pas soulevé spontanément la question du grand-
duché. »

2º Quant à la portée de la question :

« Nous croyons fermement
que la paix de l'Europe ne
saurait être troublée par *cet
incident.* »

« Quoique cette question
du Luxembourg puisse devenir, par ses derniers résultats, *une affaire de grande
importance*, et que sa simple
apparition *ait agité l'Europe*
à un degré notable depuis dix
jours, les faits se meuvent
dans d'étroites limites. »

3º Quant à l'état actuel de la question :

« Fidèles aux principes qui
ont constamment dirigé notre
politique, nous n'avons jamais compris la possibilité de
cette acquisition de territoire
que sous trois conditions :

— Le consentement libre
du grand-duc :

« Nous avons eu la nou-
velle non pas absolument officielle et certaine, mais que
je crois vraie à certaines marques d'authenticité, que la
cession du Luxembourg avait

été abandonnée. Cette nouvelle d'ailleurs m'a été confirmée par le représentant du roi des Pays-Bas, qui m'est venu voir cette après-midi et qui m'a autorisé à la donner comme venant de son gouvernement.

« Voilà, je pense, l'état de la question en tant que la Hollande y était intéressée. Mais il m'est tout à fait impossible de dire si cela coupe court à toutes les éventualités qui pourraient surgir de l'affaire. Si la question devait renaître elle renaîtrait sous une forme différente et dans des circonstances entièrement différentes. Dans la phase qui vient de se terminer, le roi de Hollande était supposé partie consentante. Cet état de choses est aujourd'hui complétement modifié, et je n'ai pas la prétention de dire ce qui pourra sortir de la nouvelle situation créée par ce refus. »

« L'examen loyal des intérêts des grandes puissances. »

« Une troisième condition qui, au point de vue pratique était la plus essentielle, c'était l'assentiment des grandes

puissances et particulièrement de la Prusse.

« Dès le début, j'avais fortement l'idée que le consentement de la Prusse ne serait
jamais obtenu.

« Il était stipulé que si les
conditions n'étaient pas remplies, les négociations échoueraient. »

Eh bien, pourrait-on dire pour compléter la pensée de lord Stanley, les conditions posées n'ont pas
été remplies, et les négociations ont échoué. Il n'y a
donc plus de question du Luxembourg.

Mais en raisonnant ainsi on s'exposerait à ne pas
tenir compte de cette forme nouvelle sous laquelle la
question peut renaître suivant lord Stanley?

Quelle est cette forme? Cette forme, c'est bien
évidemment celle d'un conflit direct entre la France
et la Prusse.

La médiation du roi de Hollande écartée, il ne
reste que cette forme, ou un congrès.

C'est donc cette forme nouvelle qu'il faut étudier
avec soin. La première combinaison tentée ayant
échoué, ainsi que l'a ironiquement fait entendre lord
Stanley, y en aura-t-il une seconde?

Eh bien! ici encore, dût notre optimisme confon-
dre de surprise les intérêts alarmés et les passions
ennemies, nous doutons et nous croyons avoir de
bonnes raisons de douter.

Et notre principale raison de douter, c'est la déclaration même du gouvernement français.

Le gouvernement français, il est vrai, parle encore de la possibilité de cette acquisition de territoire, mais en la subordonnant aussitôt à trois conditions dont deux sur trois sont irréalisables, à savoir : le consentement du grand-duc et celui de la Prusse. Quant au consentement du grand-duc, il était subordonné à certaines conditions, et lord Stanley constate son refus, ces conditions n'ayant pas été ou ne pouvant pas être remplies.

Quant à la Prusse, il est bien vrai que son consentement devient dans la communication officielle *l'examen loyal des intérêts des grandes puissances*. Mais ces termes mêmes ne diffèrent pas essentiellement de ceux employés par lord Stanley, lorsqu'il rappelait les conditions mises par le roi de Hollande à la cession du Luxembourg, à savoir : l'assentiment des grandes puissances et particulièrement de la Prusse, cet assentiment dont il avait toujours douté.

Il est bien vrai encore que le gouvernement français, voulant utiliser à son profit cette fin de non-recevoir, invoquée à faux par M. de Bismark, qui s'appelle : l'examen des vues des cosignataires des traités de 1839, se déclare disposé à les examiner de concert avec les autres cabinets de l'Europe. Mais on sait à quoi ont abouti ces déclarations vingt fois répétées d'examen collectif par les grandes puissances des questions en litige.

Est-ce par voie de congrès? On n'a pas osé prononcer ce mot désormais décrié et de peur d'exciter fort mal à propos l'hilarité de la France et peut-être de l'Europe.

Reste un échange de notes destiné probablement à rester à l'état de projet dans les diverses chancelleries de l'Europe.

Le moyen pratique invoqué ayant toujours été jusqu'ici et devant être encore cette fois nul et de nul effet, il reste donc que la seule issue soit la guerre, une guerre entre la Prusse et la France.

Eh bien! examinons froidement cette dernière alternative et demandons-nous si cette issue est probable, si elle est conforme à la déclaration du gouvernement français, conforme aux intérêts du pays; enfin s'il n'y a plus moyen de l'éviter.

M. de Bismark a mis en avant l'examen des traités de 1839.

Le gouvernement français, fort sur ce point, mais sur ce point seulement de la déclaration de lord Stanley, accepte cet examen.

Nous le croyons sans peine, car c'est à faux que M. de Bismark a invoqué ces stipulations.

Mais, même dans l'hypothèse où cet examen aurait lieu, peut-il, doit-il en sortir la guerre?

Ah! nous le reconnaissons, si la question examinée est celle de l'évacuation pure et simple par la Prusse de la forteresse de Luxembourg ou la cession du Luxembourg à la France, c'est la guerre presque à coup sûr.

Mais d'abord ce n'est pas ainsi que M. de Bismark ni M. de Moustier posent la question.

M. de Bismark la pose ainsi :

« Dans le cas où S. M. Néerlandaise se dépouillerait de sa souveraineté sur le grand-duché, le gouvernement du Roi, *avant de se prononcer sur cette question, s'il était mis dans la nécessité de le faire,* s'assurerait auparavant de la manière dont la question serait envisagée par ses confédérés allemands, par les cosignataires des traités de 1839 et par l'opinion publique de l'Allemagne qui précisément, au moment actuel, possède un organe convenable dans la présente haute assemblée même [1]. »

Et M. de Moustier prenant acte, peut-être plus que de raison, d'un de ces trois points, a dit : « Le cabinet de Berlin a invoqué les stipulations du traité de 1839. Nous sommes disposés à examiner, de concert avec les autres cabinets de l'Europe, les clauses du traité de 1839. »

Mais cet examen renferme-t-il une sanction? serait-il définitif? engagerait-il la Prusse ou la France? serait-ce plus qu'un échange de vues, pour rappeler les termes récemment employés? Nullement.

C'est donc une simple échappatoire du côté de la Prusse et peut-être bien aussi un déclinatoire du côté du gouvernement français, heureux de masquer ainsi sa retraite sur le terrain brûlant où il s'était engagé.

1. Voir aux pièces.

Car, remarquons-le bien, ce concert des cabinets est déjà par lui-même une clause à peu près impossible. L'Angleterre elle-même, tout en rudoyant la Prusse, décline tout concours et dissimule son mauvais vouloir sous la forme connue du principe de non-intervention.

« L'Allemagne, dit-elle, est parfaitement en mesure de pourvoir à sa propre défense, et je ne pense pas qu'on pût facilement démontrer qu'il était du devoir de l'Angleterre d'*intervenir*. »

Mais supposons qu'on parvienne à faire ce qui, dans l'état de l'Europe et dans les dispositions actuelles des grandes puissances, nous paraît irréalisable, qu'on parvienne à réunir une conférence, à provoquer une entente.

Allons même plus loin : supposons que cette entente soit défavorable aux injustes prétentions de la Prusse, et que l'Europe consultée se déclare pour l'évacuation de la forteresse de Luxembourg.

Est-ce la guerre forcément, nécessairement, comme le répète chaque jour le journal *la Liberté?*

Eh bien! non! et ici encore deux solutions pacifiques peuvent être proposées.

L'une, qui a été exposée dans la presse française et qui fait même, nous dit-on, son chemin en Allemagne c'est la neutralisation du Luxembourg et la destruction de l'ancienne forteresse fédérale [1].

---

1. Voici ce qu'on lit dans l'*Avenir national* du 11 avril :

Nous apprenons que la chancellerie grand-ducale étudie un projet qui ferait du Luxembourg un État indépendant et neutre. On déman-

L'autre qui nous a inspiré la présente brochure, parce qu'elle nous paraît plus conforme aux précédents historiques, et aux véritables intérêts des petits États, plus sûrs garants de l'ordre européen que les grands, c'est la cession du Luxembourg à la Belgique.

II

« Qu'est-ce que le Luxembourg, » a dit M. Thorbecke, dans la séance de la Chambre des représentants à la Haye?

« Un coin de terre *extrêmement sensible* placé entre l'Allemagne, la France *et la Belgique.* »

Comment n'a-t-on pas vu, dans ce simple exposé géographique, la solution de la question?

tèlerait la forteresse. Les Luxembourgeois verseraient une indemnité de quelques millions dans la caisse du roi de Hollande pour le dédommager de la perte de la liste civile qu'ils payent aujourd'hui.

En Prusse, on commence aussi à parler de la neutralisation du grand-duché, et la *Gazette de Cologne* dit à ce sujet :

« Plutôt que de déchaîner le fléau de la guerre, mieux vaudrait chercher une transaction qui mettrait les différents intérêts d'accord.

« Nous espérons que cette transaction pourra se faire de la façon suivante : Le grand-duché de Luxembourg serait déclaré État indépendant. La France abandonnerait, d'une part, les négociations déjà très-avancées pour la cession, tandis que, d'autre part, la Prusse sacrifierait son droit de garnison dans la forteresse de Luxembourg. » Voir aussi le *Temps* et la *Liberté* du 13.

Puisque le Luxembourg ne peut appartenir à la Prusse ou à la France, sans déchaîner la guerre et une guerre formidable, il faut qu'il appartienne à la Belgique placée entre l'une et l'autre, comme un tampon, ainsi que le disait M. Thiers à la tribune du Corps législatif.

Le Luxembourg à la Prusse ou à la France, ce serait la guerre.

Le Luxembourg à la Belgique, ce serait la paix.

Le Luxembourg à la Prusse ou à la France, ce serait la guerre ; car entre la Prusse qui veut garder et la France qui veut acquérir, il n'y a pas de transaction possible.

Mais ce serait de plus la guerre dans de mauvaises conditions pour la France ; car entre la Prusse qui est *nantie* et la France qui ne l'est pas, l'avantage est pour la Prusse suivant l'axiome connu : il vaut mieux plaider au *possessoire* qu'au pétitoire.

Enfin, ce serait la guerre à contre-sens et dans un but incertain et précaire. Car il n'y a plus de forteresses imprenables aujourd'hui, et agrandir son front de bataille de plusieurs lieues de pays, c'est se rendre vulnérable sur plus de points à la fois.

Le Luxembourg à la Belgique, au contraire, c'est la paix ; car c'est la neutralisation de ce point sensible si maladroitement irrité par des *pourparlers* imprudents et un « *échange de vues* » au moins intempestif.

C'est de plus l'affirmation par l'Europe du

maintien des petits États en réponse à la politique des grandes agglomérations.

Enfin c'est pour la France le seul moyen d'en sortir à son honneur dans les circonstances présentes.

Mais la Belgique acceptera-t-elle ce cadeau, nous dit-on? L'idée d'une entente entre la France, la Prusse et la Belgique ne supposerait-elle pas dans la pensée de ses ambitieux voisins celle d'une *rectification de frontières?*

Nous répondrons que si telle était la pensée du gouvernement français, que si la cession du Luxembourg à la Belgique devait l'obliger d'abandonner à la France et à la Prusse des populations qui sont Belges depuis trente-six ans, nous dissuaderions la Belgique d'accepter un contrat léonin.

Mais nous croyons fermement que le gouvernement français ne se laissera pas prendre à ces incitations de l'organe officieux de M. de Bismark et des représentants de la politique d'agrandissement. Et alors la question se pose dans les termes les plus simples.

Pourquoi, en effet, le Luxembourg continuerait-il à faire partie de l'Allemagne, lorsque le Limbourg en est complétement séparé et que M. de Bismark lui-même reconnaît son droit de n'en plus faire partie? Pourquoi cette province presque exclusivement wallonne, qui, en 1830, unit son sort à la Belgique et proclama Léopold Ier, ne suivrait-elle pas cette autre portion du même territoire qui, depuis cette époque, lui a été incorporée? Pourquoi la ville de Luxembourg ne suivrait-elle point la condition d'Arlon, de Bastogne, de Marche et de Neufchâteau? Nous osons défier qu'on trouve une seule bonne raison à objecter.

Une seule puissance pouvait protester. C'était la Hollande, qui avait été envoyée en possession en 1839, et dont ce fameux traité qu'on invoque, règle et délimite les frontières avec sa voisine. Mais elle ne le peut plus, depuis qu'elle a si clairement manifesté aux yeux de l'Europe son intention de ne plus posséder le Luxembourg.

Quant à la Belgique nous comprendrions qu'elle refusât ce cadeau, s'il couvrait un piége. Mais elle peut le recevoir des mains de la France, unie cette fois et cordialement unie à l'Angleterre, protectrice naturelle du Zuyderzee et de l'Escaut, sans courir aucun risque, et en recueillant au contraire un avantage certain, celui de réacquérir un pays wallon qui n'avait été détaché d'elle que par la violence, et dont elle a toujours regretté la perte.

Nous avons répondu à la seule objection véritablement sérieuse que soulève ce projet.

Il en est une autre, beaucoup trop répandue depuis quelques jours par la voie de la presse et dont il est véritablement trop aisé de faire justice. On dit que l'honneur de la France est en jeu, et que la guerre est désormais nécessaire à sa grandeur.

Nous comprenons que ces politiques à courte vue, qui ne saisissent jamais qu'une des faces de la question, aient pu raisonner ainsi, et poussent la France à la guerre par suite d'un aveugle attachement à une manière de voir étroite. Mais si leur dilemme est faux, si à ces deux branches inflexibles dans lesquelles ils pensaient nous étreindre, la guerre ou la honte, s'en ajoute une troisième qu'ils n'avaient point vue, la justice, et qui peut si facilement se transformer en un rameau de paix, nous ne comprendrions plus cette invincible opiniâtreté, qui deviendrait presque un aveuglement coupable.

Non, la grandeur de la France, disons-le bien haut, n'est pas attachée à l'acquisition d'un aussi mince territoire, ni même à la possession de cette forteresse de Luxembourg, aujourd'hui presque inefficace devant les progrès de l'artillerie, et qui, d'ailleurs, doit être démantelée dans l'intérêt de tous.

La grandeur de la France, nous croyons la comprendre mieux et la servir plus utilement que nos adversaires, en la mettant, non dans la possession d'un lambeau de terre, non dans le prestige éphémère d'une déclaration de guerre à l'Allemagne, mais dans une politique et une diplomatie sévère pour elle-même, juste pour les autres, conservatrice au dehors, libérale au dedans. Et c'est parce que la cession du Luxembourg à la Belgique serait le gage d'une telle politique et le seul moyen sûr de conserver la paix, que nous demandons avec toutes les puissances intéressées, sans en excepter la Prusse elle-même, qui en a eu d'ailleurs l'initiative, la révision des traités de 1839 en ce sens.

« Les intérêts permanents de la société française,

comme le dit éloquemment M. le comte de Chambrun, député au Corps législatif, sont la paix et la liberté ! Et ces intérêts permanents appellent d'autant plus nos sollicitudes et nos préoccupations, qu'ils ont subi, dans ces dernières années, plus d'épreuves [1]. »

La France ne veut pas de conquête. Elle ne veut que le développement de ses libertés intérieures, le développement de sa richesse nationale. Elle est et elle doit être la protectrice désintéressée de la justice et du droit, des États faibles que menaceraient d'ambitieux voisins.

Il aurait mieux valu assurément que la question du Luxembourg ne fût pas posée. Mais puisqu'elle l'est, c'est dans le sens de la justice et du droit que la France doit contribuer à la résoudre. Car le sens de la justice et du droit, c'est aussi le sens de la paix et de la liberté.

---

1. Voir cette lettre pleine d'élévation et adressée à M. Cucheval-Clarigny, rédacteur en chef du journal la *Presse*, par cet honorable député.

PIÈCES A L'APPUI.

L'Agence Havas nous transmet aujourd'hui seulement un télégramme de Berlin en date d'hier, et qui rend compte dans les termes suivants d'une interpellation adressée à M. de Bismark au sujet du Luxembourg :

Berlin, le 1er avril, onze heures trois quarts.

(Arrivé le 2 avril, à onze heures un quart.)

PARLEMENT DU NORD.

M. de Bismark se déclare prêt à répondre immédiatement à une interpellation annoncée par M. de Bennigsen.

M. de Bennigsen dit : Un bruit inquiétant est répandu. On assure que l'Allemagne doit perdre le Luxembourg, un berceau de souverains allemands. Le Reichstag désire savoir quelle est l'attitude des gouvernements confédérés vis-à-vis de cette question, car il s'agit d'une forteresse fédérale alle-mande, d'un pays allemand, d'une frontière allemande et d'une population essentiellement allemande qui ne songe pas à devenir française.

L'orateur donne lecture d'une lettre venant du Luxem-bourg, qui est une sorte de cri de détresse adressé au Reichstag. Cette lettre dit que sur les 200 000 habitants du Luxembourg, il n'y en a guère que 200 qui ne parlent pas allemand.

Devant cette situation, continue l'orateur, cessent toutes les divergences de partis. Tous les partis s'uniront dès que les intérêts de l'Allemagne seront menacés, et ils appuieront vigoureusement le président du conseil des ministres en face de l'étranger.

Nous voulons la paix, mais nous ne craignons pas la guerre lorsqu'il s'agit de repousser la première tentative de la France de porter atteinte à notre honneur. En faisant promptement et résolûment une réponse aux tendances belliqueuses de la France, nous les étoufferons dans leur germe. Ce serait une faiblesse de se taire.

La parole du roi, que « pas un village allemand ne doit être perdu, » est gravée dans les souvenirs reconnaissants du peuple. Que le roi fasse appel au peuple, il le trouvera uni. L'œuvre de la Constitution peut être terminée en peu de jours devant la menace d'une immixtion étrangère.

Nous ne cherchons pas la guerre ; mais si elle éclate, que la France en porte la responsabilité ! Les deux nations allemande et française peuvent vivre en paix et prospérer l'une à côté de l'autre, et la guerre leur ferait éprouver à toutes deux de grandes blessures ; mais si la France veut entraver l'œuvre de notre reconstitution, nous lui montrerons que l'Allemagne est unie.

M. de Bismark répond :

« Par la dissolution de la Confédération germanique, le roi de Hollande est rentré dans ses pleins droits de souveraineté sur le Luxembourg. L'union avec la Confédération du Nord excite dans ce pays une certaine répugnance, à cause des lourdes charges militaires qu'elle impose. Il existe aussi dans les plus hautes régions politiques un certain désappointement occasionné par les succès de la Prusse. Au mois d'octobre dernier, la Hollande a demandé l'évacuation de la forteresse de Luxembourg.

« Le gouvernement prussien, ne désirant pas qu'il y ait des souverains étrangers dans la Confédération du Nord, n'a pas cru devoir exercer une pression sur les Pays-Bas.

« On n'a rendu que justice à la Prusse lorsqu'on a reconnu que la politique prussienne cherchait à ménager la susceptibilité de la nation française, naturellement en tant que cela est compatible avec son honneur.

« Le gouvernement prussien a trouvé et trouve les motifs d'une pareille politique dans une appréciation équitable de l'influence que doivent exercer les relations pacifiques et amicales avec un peuple puissant, et c'est par les mêmes motifs que je m'abstiendrai de répondre par oui et par non à la seconde partie de l'interpellation.

« Les paroles de cette seconde partie sont telles, qu'elles conviennent parfaitement à un député placé sur le terrain national ; mais elles ne sont pas du domaine de la langue diplomatique, qui doit traiter les questions internationales pacifiquement, aussi longtemps que cela est possible.

« La Prusse ne suppose pas qu'il y ait quelque chose de définitivement conclu entre la Hollande et la France, mais elle ne peut pas affirmer le contraire. La question a été mise en avant officiellement par un mot du roi de Hollande, qui a demandé à l'ambassadeur de Prusse comment la Prusse accueillerait une cession de sa souveraineté. La Prusse a répondu qu'elle devait en laisser la responsabilité au roi de Hollande.

« Du côté de la Prusse, il n'y a aucune raison pour faire une déclaration. La Prusse tiendra compte des vues des cosignataires des traités de 1839, de l'avis de ses confédérés allemands et de l'opinion publique représentée par le Reischstag. La Hollande a offert ses bons offices pour des négociations entre la Prusse et la France. Cette offre a été déclinée.

« Le caractère de la question ne permet pas de donner de plus amples explications. Les gouvernements du Nord espèrent qu'on réussira à maintenir les droits de l'Allemagne par la voie pacifique, et que les bonnes relations avec les puissances étrangères seront maintenues. »

Le président du Reischstag dit qu'il voit dans les applaudissements de l'Assemblée la preuve que l'interpellation est vidée d'une manière satisfaisante, tant par la question que par la réponse qui a été faite.

On lit dans *le Moniteur du soir* :

« Nous publions le résumé télégraphique des interpellations adressées, dans la séance d'hier, au Reichstag, au sujet du Luxembourg.

« Ces interpellations, qui auraient pu avoir un fâcheux effet dans l'état actuel de l'Europe, nous laissent, en résumé, une bonne impression. Bien que plusieurs des assertions de M. Bennigsen soient de nature à être sérieusement contestées, il a reconnu hautement combien il était désirable que les deux grandes nations allemande et française entretinssent des rapports de cordialité et de bon voisinage, et combien une guerre entre elles serait désastreuse.

« Quant à M. de Bismark, il a fait valoir en termes pleins d'élévation la nécessité pour l'Allemágne de tenir compte des justes susceptibilités de la France.

« Il á fait en outre plusieurs déclarations importantes. Il a constaté que le Luxembourg était un État indépendant, dont le roi des Pays-Bas pouvait disposer en toute souveraineté et sous sa responsabilité.

« Il n'a pas essayé de contester un fait bien indubitable, c'est que les habitants du grand-duché de Luxembourg éprouveraient une vive répugnance pour leur incorporation à l'Allemagne.

« Il a enfin insisté sur l'influence que doit exercer sur la politique du gouvernement prussien le désir d'entretenir « des relations pacifiques et amicales avec un puissant « voisin. »

REICHSTAG DE L'ALLEMAGNE DU NORD.

Dans la séance du 1er avril du Reichstag, M. le comte de Bismark, répondant à des interpellations relatives au Luxembourg, a prononcé les paroles suivantes :

La haute assemblée trouvera naturel que, dans une question de la portée acquise par celle qui vous est soumise, je me borne en ce moment à répondre à l'interpellation par un exposé de la situation de fait, en tant qu'elle est connue du gouvernement du roi et de ses confédérés. Je dois, pour cela, remonter aux causes qui ont fait que le grand-duché du Luxembourg n'est pas membre de la Confédération germanique.

Lors de la dissolution de l'ancienne Confédération germanique et par cette dissolution, chacun des États qui en avaient fait partie recouvra sa pleine souveraineté, telle qu'il l'avait possédée avant la fondation de la Confédération, et qui avait été restreinte par les obligations qu'il avait contractées volontairement en adhérant au pacte fédéral. Après la dissolution de la Confédération, le grand-duché de Luxembourg et son grand-duc jouirent de la même souveraineté de caractère européen que le royaume des Pays-Bas et son roi.

La grande majorité des anciens confédérés, de même que la Prusse, profitèrent de leur liberté pour conclure depuis sur le sol national une nouvelle Confédération en vue du soutien réciproque et de la culture des intérêts nationaux. Le grand-duché de Luxembourg ne trouve pas de son intérêt d'entrer dans la même voie. Par les organes dont nous disposons au dedans du grand-duché et sur ses frontières, nous avions eu connaissance qu'une répugnance décidée à accéder à la Confédération du Nord existait dans toutes les classes de la population.

Dans les classes supérieures et notamment dans les plus hautes, elle dérivait d'une mauvaise humeur clairement exprimée contre la Prusse et ses succès; dans les classes inférieures, de la répugnance à s'imposer les charges qu'entraîne nécessairement une défense sérieuse du pays.

Les sentiments du gouvernement luxembourgeois trouvèrent leur expression dans une dépêche qui nous fut adressée au mois d'octobre, et dans laquelle il chercha à nous prouver que nous n'avions plus droit de tenir garnison à Luxembourg. Le gouvernement du roi et ses confédérés durent se poser la question s'il était convenable, dans ces circonstances, d'exercer une influence ou même une pression à l'effet de faire accéder à la Confédération du Nord le grand-duché qui appartient au Zollverein. Après un examen approfondi de cette question, il y a répondu négativement.

Il ne pouvait voir qu'un avantage douteux à posséder dans une Confédération de cette intimité, en la personne du grand-duc de Luxembourg, un membre qui, en sa qualité de roi des Pays-Bas, a son centre de gravité, ses intérêts en dehors de la Confédération, et, qui pouvait peut-être en avoir, en beaucoup de points, de contraires à la Confédération. Les expériences que nous avons faites à cet égard dans l'ancienne Confédération étaient assez instructives pour nous empêcher de transférer complétement un arrangement pareil dans la nouvelle constitution.

Le gouvernement du roi s'est dit, en outre, qu'en vertu de sa position géographique et des relations particulières mêmes du grand-duché de Luxembourg, cette question devait être traitée avec un plus haut degré de prudence. On ne fait que rendre justice quand on a dit, en lieu éminent, que la politique prussienne cherchait à ménager, naturellement dans la limite où son propre honneur le comporte, la susceptibilité de la nation française. La politique prussienne trouve et a trouvé des motifs pour une pareille politique dans la juste appréciation de l'importance que les relations amicales avec un peuple voisin, puissant et de valeur égale, devaient avoir pour le développement pacifique de la question allemande.

En vertu des mêmes considérations dont je viens d'indiquer ainsi le caractère, je m'abstiendrai de répondre par oui ou par non à la seconde partie de l'interpellation. Le texte de cette seconde partie est de nature à pouvoir convenir à une représentation du peuple qui est placée sur le terrain national; mais il n'appartient pas au langage diplomatique, tel qu'il est usité dans le traitement des relations internationales, tant que celles-ci peuvent être maintenues dans la voie pacifique.

En ce qui concerne la première partie de l'interpellation, j'exposerai ouvertement les faits tels qu'ils sont parvenus à la connaissance du gouvernement du roi. Le gouvernement du roi n'a aucun motif pour croire qu'un arrangement sur le sort futur du grand-duché soit déjà conclu; naturellement il ne peut donner l'assurance positive du contraire ; il ne peut davantage dire positivement si, au cas où cet arrangement n'est pas encore conclu, il ne serait pas sur le point de se conclure. Les seuls incidents pour lesquels le gouvernement du roi a eu l'occasion de prendre officiellement des informations sont les suivants :

Il y a peu de jours, S. M. le roi des Pays-Bas a mis verbalement l'envoyé du roi accrédité à la Haye en position de faire connaître comment le gouvernement prussien prendrait la chose, si Sa Majesté Néerlandaise se dépouillait de sa souveraineté sur le grand-duché du Luxembourg. Le comte Perponcher, notre envoyé à la Haye, a reçu l'ordre de répondre que, dans le moment, le gouvernement du roi et ses confédérés n'avaient pas mission en général pour se prononcer sur cette question, qu'ils devaient laisser à Sa Majesté elle-même la responsabilité de ses propres actes, et que le gouvernement du roi, avant de se prononcer sur cette question, s'il était mis dans la nécessité de le faire, s'assurerait auparavant de la manière dont la question serait envisagée par ses confédérés allemands, par les cosignataires des traités de 1839 et par l'opinion publique de l'Allemagne, qui, p réci-sément au moment actuel, possède un organe convenable dans la présente haute assemblée même.

Le second fait a été celui que le gouvernement néerlandais nous a fait offrir, par son envoyé à Berlin, ses bons offices en vue des négociations qu'il suppose entre la Prusse et la France sur le grand-duché de Luxembourg. Nous avons répondu à cela que nous n'étions pas en position de faire usage de ces bons offices, parce qu'il n'y avait pas de négociations de ce genre en train.

Messieurs, autant que le gouvernement du roi en a connaissance, c'est dans cette position que se trouve encore l'affaire à l'heure qu'il est. J'appuie sur les mots « autant qu'il en a connaissance, » et m'en réfère à ce que j'ai dit sur la possibilité d'un arrangement. Vous ne me demanderez pas que, dans ce moment, je donne, comme peut le faire un représentant du peuple, des déclarations publiques sur les intentions et résolutions du gouvernement du roi et de ses confédérés pour tel ou tel cas.

Les gouvernements confédérés croient qu'aucune puissance étrangère ne portera préjudice à des droits incontestables d'États allemands et de peuples allemands; ils espèrent être en position de sauvegarder et de protéger les droits pareils par la voie des négociations pacifiques et sans compromettre les relations amicales dans lesquelles l'Allemagne se trouve jusqu'ici avec ses voisins, à la satisfaction des gouvernements confédérés.

Vous pourrez vous livrer à cet espoir avec d'autant plus d'assurance qu'il arrivera plus souvent, comme l'indiquait, à ma joie, M. l'interpellant, que nous prouverons par nos délibérations la confiance inébranlable, la liaison indestructible du peuple allemand avec ses gouvernements et de ses gouvernements entre vous. (*Bravos prolongés.*)

M. le Président constate que personne ne demande à ouvrir une discussion sur l'interpellation. J'exprime, ajoute-t-il, j'en suis certain, les sentiments de cette haute assemblée en disant que la manière dont le Reichstag a accueilli l'interpellation et la réponse qui y a été faite par M. le président des commissaires fédéraux parle plus haut et plus clairement que toute proposition en forme qu'on pourrait présenter. (*Vives acclamations.*) La Chambre passe à l'ordre du jour. (*Gazette nationale* et *Moniteur prussien.*)

HOLLANDE. — CHAMBRE DES REPRÉSENTANTS.

Voici le texte de l'interpellation adressée par M. de Thorbecke, au sujet de la question du Luxembourg, à M. Van Zuylen, et la réponse de ce dernier :

M. THORBECKE : Depuis quelque temps nous avons pu apprendre avec regret, et presque chaque jour, que des bruits pénibles et d'un cractère nullement bienveillant se répandent sur une cession du Luxembourg. La Hollande est citée comme partie intéressée dans ces bruits et dans les conversations qu'ils provoquent aujourd'hui aussi généralement qu'en 1858, car, à cette époque aussi, il fut question du Luxembourg. Il s'agissait alors d'une négociation qui ne trouva partout, et aussi en Allemagne, que de la désapprobation. Il ne s'agissait pas d'une négociation constitutionnelle, car alors j'ai émis l'opinion que le Luxembourg nous était aussi étranger que tout autre État étranger. Alors aussi nous nous sommes aperçus que nos voisins allemands, quelque savants qu'ils soient en sciences et en arts, se trompent quelquefois en géographie politique, et qu'ils se trompent d'autant plus facilement qu'ils s'effrayent moins d'un dérangement de frontières. Quoi qu'il en soit, il y a aujourd'hui infiniment plus de raisons qu'en 1858 pour signaler des confusions qui se commettent tantôt par inattention, tantôt à dessein. Il est plus que temps maintenant de constater publiquement que la Hollande n'est nullement en jeu dans le sort du Luxembourg, quel qu'il soit, que nous n'y avons aucun intérêt, que nous ne savons rien et ne *voulons* rien savoir des négociations relatives au Luxembourg.

Ce n'est pas la première fois que le Luxembourg est une pomme de discorde. Qu'est-ce que le Luxembourg? Un ancien territoire allemand qui a aussi appartenu pendant quelque temps à la France ; un coin de terre extrêmement sensible, placé entre l'Allemagne, la France et la Belgique ; un sol dont le sort ne peut être indifférent à aucune de ces puissances ; un point très-ambitionné par des motifs nationaux, politiques et peut-être aussi militaires. Mais, quant à la Hollande, autant que j'en puis juger, ce terrain n'a aucun intérêt, et nous n'avons pas à nous en occuper.

Mais ce qui nous concerne, ce qui nous intéresse grandement, c'est ceci : c'est que nos relations avec l'étranger ne souffrent pas par ce qui peut arriver au Luxembourg ; c'est que nous ne soyons entraînés dans aucun conflit ; c'est qu'il n'y ait pas de motifs qui puissent exciter contre nous, à l'occasion de ce qui se passe au sujet du Luxembourg, les sentiments peu amicaux, peu bienveillants de quelques gouvernements ; c'est que ces gouvernements n'aient pas de raisons pour nous adresser des reproches. Il est certainement nécessaire de conserver une attitude digne lorsqu'on ne veut pas s'exposer à des désagréments, lorsqu'on veut éviter que, quoi qu'il arrive au Luxembourg, il en résulte un désavantage pour la Hollande, c'est-à-dire que la Hollande ait aucune part aux affaires du Luxembourg.

Nous avons intérêt à ce que la Hollande ne soit pas entraînée dans ces événements.

L'orateur rappelle la réponse que le comte de Bismark a faite à une interpellation qui lui a été adressée dans le Parlement allemand, et donne lecture du passage suivant de cette réponse : « Le gouvernement hollandais nous a offert, par l'intermédiaire de son représentant ici, ses bons offices au sujet des négociations que l'on supposait exister entre la Prusse et la France relativement au grand-duché de Luxembourg. »

M. Thorbecke demande si ces paroles sont basées sur autre chose que sur un malentendu.

LE COMTE VAN ZUYLEN VAN NYEVELT : il eût été certainement plus désirable de mettre un terme aux longues discussions que provoque le budget que de venir, dans les circonstances actuelles, faire un long discours sur ce qui a donné lieu à l'interpellation. Je reconnais cependant que cette interpellation m'est très-agréable et cela pour deux motifs : 1° personnellement, parce qu'elle me fournit l'occasion de justifier complétement ma conduite ; 2° et surtout parce qu'elle me procure l'occasion de défendre le roi de Hollande contre des accusations qui se brisent contre la vérité et qui ont certainement été apprises avec indignation par tous ceux qui sont attachés à leur souverain et à leur pays.

Il ne peut entrer dans l'intention de l'honorable membre de rechercher maintenant quelles sont les vues du grand-duc relativement au Luxembourg et ce qui est ou n'est pas désirable à ce sujet. J'ai connaissance que le grand-duc a examiné sérieusement et minutieusement cette question, et qu'après une longue étude, il est arrivé à la conviction que l'intérêt de la Hollande demandait la rupture du lien dynastique qui, quelque faible qu'il soit, existe entre la Hollande et le Luxembourg. J'ai encore à toucher ici à un point délicat. Il n'est nullement question du miroitement de millions et de trésors dont on a parlé.

Si un dédommagement avait été exigé, ce dédommagement eût été si petit, qu'il ne se serait pas même élevé à la moitié du domaine qui a été reconnu en 1816. Mais ce sont là des affaires qui sont certainement étrangères à l'ordre des délibérations de cette Assemblée.

Quant *à savoir si la réponse du comte de Bismark repose sur un malentendu,* il ne peut y avoir de différence que sur un point. *L'offre ne s'appliquait pas à des négociations déjà ouvertes, mais à celles qui pourraient être ouvertes plus tard.*

Il n'y a pas eu de négociations à propos du Luxembourg, mais des pourparlers. Je n'ai aucune connaissance de ce qu'on a dit de négociations officielles et de l'*échange de dépêches écrites.* Le but de ces pourparlers était d'arriver à des négociations, et peut-être aboutiront-ils plus tard à un arrangement. Il va de soi qu'il n'y a que le gouvernement luxembourgeois et les hommes d'État luxembourgeois qui puissent conclure un *arrangement.*

Maintenant surgit la question de savoir si l'intérêt de la Hollande n'exige pas que l'on tienne, comme on dit, les yeux ouverts pour savoir comment on disposera de la propriété du grand-duc de Luxembourg ou bien si l'on ne doit s'occuper aucunement de la question.

Je suis parfaitement de l'opinion de l'honorable membre. La Hollande n'a pas plus à voir dans les affaires du Luxembourg que dans celles d'un autre État, mais on ne peut méconnaître que l'opinion publique en Allemagne est mal éclairée ou qu'elle veut l'être. Il s'agit donc de savoir si l'on peut imputer à mal au gouvernement hollandais les actes du gouvernement grand-ducal, et, pour prouver que cette crainte n'est pas futile, on peut rappeler ce qui est arrivé lors de l'entrée du Luxembourg dans l'union douanière allemande. D'elle-même devait donc surgir cette question : Comment le gouvernement hollandais agira-t-il *pour couvrir sa responsabilité* tout en donnant sa direction aux affaires ?

On s'est dit que tout le monde n'a qu'un but, celui de conserver la paix. Ç'a été là aussi le but principal du grand-duc, et c'est pourquoi il s'est senti disposé à *écouter des représentations ;* mais toute cette question était *enveloppée dans un certain nuage,* et la conséquence aurait bien pu être qu'*une affaire que l'on avait considérée comme moyen de préserver la paix eût eu une conséquence précisément contraire.*

Maintenant le ministre savait que le président du ministère luxembourgeois était arrivé ici. D'après la nature de l'affaire, c'est ce fonctionnaire qui traite officiellement avec le grand-duc. Mais de quelle façon le président luxembourgeois se trouvait-il en mesure de s'assurer des sentiments des autres puissances sur une cession éventuelle du Luxembourg ? Si maintenant la diplomatie hollandaise, quand bien même ce ne serait que d'*une façon officieuse,* se prête à cette recherche, ne s'immisce-t-elle pas par là, peut-être plus que le gouvernement ne le voudrait, dans les affaires luxembourgeoises ? C'est cette question qui m'a fait désirer d'être mis en position de dissiper quelques ténèbres pour faire apparaître l'affaire en pleine lumière.

Je crois qu'il vaut mieux s'engager dans une voie large et loyale, et c'est pour cela que j'ai offert *mes offices d'intermédiaire pour arriver à la voie des négociations.* Et maintenant je crois que dans le fait de l'office se trouve précisément la preuve que nous ne sommes pas partie dans l'affaire.

Dans la Note officielle qui a été écrite à ce sujet, j'ai fait constater que le gouvernement néerlandais se considère comme *dégagé de toute responsabilité* quant à ce qui pourrait arriver à l'égard du Luxembourg ; qu'il repousse toute autre responsabilité et qu'il voulait se présenter comme intermédiaire.

En envoyant cet écrit, le gouvernement comprenait fort bien et il était convaincu qu'il recevrait une réponse négative ; mais cette Note remplissait son but, celui de dégager le gouvernement néerlandais de toute responsabilité, ce que le gouvernement prussien a reconnu dans sa réponse, et il en résulte encore que l'affaire, lorsque les négociations auront lieu, concernera exclusivement le grand-duc.

L'honorable membre a dit que la Hollande n'a aucun intérêt dans la question du Luxembourg ; j'accepte cette déclaration à une condition, c'est que la condition du Limbourg soit convenablement et complétement réglée.

C'est donc avec grand plaisir que je fais connaître que la déclaration que le Limbourg est dégagé de tous les liens est maintenant donnée.

J'ai insisté auprès du gouvernement prussien dans l'intérêt d'une bonne entente entre la Hollande et la France et entre la Hollande et la Prusse, pour que l'on enlève tous les griefs qui pourraient être tirés de l'exploitation de la condition du Limbourg ; et je suis heureux que le gouvernement prussien ait donné à cet égard la déclaration la plus explicite.

Le ministre donne lecture d'une Note de laquelle il résulte que le comte de Bismark a fait savoir, après la détermination du territoire par le Parlement, que le Limbourg est dégagé de tous ses liens.

Je crois, continue le ministre, que j'ai fait bien connaître le but du gouvernement hollandais. Il va de soi que je puis abandonner maintenant la question au représentant du grand-duché, qui se trouve actuellement ici. Et aujourd'hui que j'ai acquis la certitude que l'affaire du Limbourg est terminée, j'ajoute que *je ne m'occuperai plus de l'affaire du Luxembourg, ni officiellement ni officieusement.*

M. Thorbecke : Si je considérais comme ma mission de critiquer la conduite du ministre, j'en trouverais plus d'un motif dans le discours que nous venons d'entendre. Mais cela ne m'importe pas. Je ne crois pas non plus devoir dire quel-

que chose pour défendre le prince qui aurait désiré des négociations et qui est aussi notre chef vénéré de l'État. Cette
défense me semble d'ailleurs inutile. Personne ne doute que
notre souverain n'ait surtout voulu agir de la façon qu'il jugerait la plus utile aux intérêts de ses sujets. Mais je dois cependant ajouter que *ce que le ministre a dit des démarches
de notre diplomatie ne m'a pas paru clair*. Je ne veux cependant pas y revenir. Je ne veux pas non plus demander
quel rapport existe entre la déclaration de M. de Bismark au
sujet du dégagement du Limbourg, de ses liens avec la Confédération allemande et la déclaration que notre diplomatie à
cru devoir faire dans la question du Luxembourg. Je n'en
dirai pas davantage. Je me réjouis seulement d'avoir fourni
au ministre l'occasion de faire savoir qu'à partir de maintenant, je dis *à partir de maintenant*, le gouvernement hollandais s'abstiendra de toute intervention officielle et officieuse dans l'affaire du Luxembourg.

Je désire donc aussi constater de nouveau que, quoi qu'il
arrive au Luxembourg et quelques bruits qui soient répan-
dus au sujet de cette affaire, et quelque considération que
cette affaire puisse provoquer, la Hollande y est aussi désormais tout à fait étrangère.

La Chambre passe à l'ordre du jour.

(Indépendance belge).

ANGLETERRE. — CHAMBRE DES COMMUNES.

Séance du 5 avril.

Sir R. Peel demande à lord Stanley des informations
sur la récente proposition de transférer de la Hollande
à la France le Luxembourg avec ses 200 000 habitants,

dont, dit-il, 180 000 sont Allemands, à raison de 20 livres sterling par tête. Il paraît difficile à l'orateur de comprendre les paroles de l'empereur des Français. Le ministère anglais actuel a poussé la politique d'isolement plus loin que jamais. Cependant, sir Robert Peel aime à croire que c'est grâce aux représentations de lord Stanley qu'un peuple si dangereux pour la Belgique et si menaçant pour la paix de l'Europe, a été abandonné. Sans doute, le Luxembourg a toujours été convoité par la France comme un point de première importance dans l'ordre défensif, mais les traités l'ont toujours considéré comme une partie de la Confédération germanique, et le gouvernement anglais ne voudra sans doute pas prêter sa connivence à des projets d'agrandissement qui, s'ils étaient maintenus, pourraient entraîner l'Europe dans une guerre générale.

Lord Stanley. — Quoique cette question du Luxembourg puisse devenir, par ses derniers résultats, *une affaire de grande importance, et que sa simple apparition ait agité l'Europe à un degré notable depuis dix jours*, les faits dont le très-honorable gentleman a parlé avec exactitude se meuvent dans d'étroites limites. Et, quoiqu'il y ait lieu de regretter une ou deux assertions de l'honorable gentleman, je n'en suis pas moins heureux qu'il m'ait fourni l'occasion de préciser, autant que je serai en mesure de le faire, l'état actuel de la question. *Tout le monde sait que le gouvernement français a désiré entrer en possession du Luxembourg*. Il est aussi suffisamment connu que le roi de Hollande était prêt à céder ce territoire à certaines conditions. Je dois rappeler à la Chambre que cette affaire concerne le roi plutôt que le gouvernement hollandais. Ce territoire est indépendant de la Hollande, et ne s'y rattache que par les liens de l'identité du souverain. Je dois ajouter, dans l'intérêt de la vérité, que, autant que je puis savoir, le gouvernement et le peuple hollandais n'attachent pas une grande importance à ce territoire extérieur, et qu'ils ne croient pas qu'il ajoute quelque chose à la force, à la sécurité et à la prospérité de leur pays. Cependant, le fait est que le roi de Hollande n'a pas voulu faire la cession sans conditions.

Je crois savoir qu'il a proposé diverses stipulations, et qu'il les a maintenues comme indispensables pour la conclusion. L'une de ces conditions était une certaine compensation; mais je ne sais pas s'il la réclamait sous une forme directement pécuniaire. Une autre condition remarquable, sur laquelle le roi de Hollande a insisté, c'est que les vœux des populations fussent consultés. Une troisième condition, qui, au point de vue pratique, était la plus essentielle, c'était l'assentiment des grandes puissances, et particulièrement de la Prusse. Aujourd'hui la Prusse *possède en fait*, et prétend posséder légitimement, en vertu d'un traité spécial, le droit de garnison dans la forteresse de Luxembourg ; et à ce point de vue, comme aussi par le fait du voisinage, et comme étant à la tête des États confédérés d'Allemagne, elle a dans l'affaire un plus profond et plus étroit intérêt qu'aucune autre puissance européenne. *Quand le gouvernement prussien sut ce qui se passait*, il adressa des communications aux autres puissances signataires du traité d'avril 1839. Ce traité régularise les relations de la Belgique et de la Hollande, et garantit le Luxembourg à la Hollande.

Une de ces communications fut adressée au baron de Beust, une autre au gouvernement de Sa Majesté ; *j'ai reçu celle-ci dimanche dernier*. Le très-honorable gentleman parle de cette négociation comme se référant à une date ancienne (sir R. Peel. Octobre dernier). Je ne sais ce qui a pu se passer secrètement, mais je puis dire qu'aucune information relative au projet de cession n'est parvenue au gouvernement de Sa Majesté avant ces dix derniers jours. Les questions qui m'étaient adressées étaient au nombre de deux : la première, si le gouvernement britannique s'efforcerait de dissuader le roi de Hollande de poursuivre les négociations que l'on supposait entamées? et l'autre, quelle portée le gouvernement britannique attribuait au traité de 1839?

Quant à la seconde de ces questions, je ne pouvais entreprendre d'y répondre définitivement, par cette raison qu'il était très-désirable, si quelque représentation devait être faite, ou quelque mesure prise à l'occasion du traité de 1839, qu'une représentation de ce genre n'émanât pas d'une seule puissance, mais du concert de toutes les puissances signataires, responsables comme nous. Pourtant, *je ne dissimulai pas le doute où j'étais* (je pourrais me servir d'un mot plus fort qui était dans mon esprit), *que la garantie stipulée dans le traité de* 1839 *fût de nature à être appliquée au cas présent.*

Cette garantie avait certainement pour objet de défendre les intérêts du roi de Hollande comme grand-duc de Luxembourg, et de maintenir l'intégrité de son territoire. Mais, par suite, si le roi de Hollande renonçait volontairement à son intérêt dans le Luxembourg, et consentait un arrangement, cet intérêt cessait d'être en question, et l'affaire demeurant entre la France, d'une part, et l'Allemagne de l'autre, devenait toute différente.

En aucun cas, nous ne pouvions être tenus de défendre l'intégrité de l'empire germanique. L'Allemagne unie, comme elle l'est maintenant, — *et pour mon compte je suis content qu'elle le soit*, — unie dans des limites plus étendues que celles où elle le fut jamais, *l'Allemagne est parfaitement en mesure de pourvoir à sa propre défense* (Écoutez, écoutez!), et je ne pense pas qu'on pût facilement démontrer, quoique le raisonnement du très-honorable baronnet paraisse y tendre, qu'il était du devoir de l'Angleterre d'intervenir *pour empêcher une transaction qui pourrait se résumer en un petit agrandissement du côté de la France*, alors que le gouvernement et le peuple de ce pays ont vu sans protester, et même ont approuvé, je le crois, l'énorme agrandissement de l'Allemagne, ou plutôt de la Prusse, tête des Etats allemands, à la suite de la dernière guerre, dans les douze mois qui viennent de s'écouler. En ce qui concerne maintenant la question de savoir si nous dissuaderions le roi de Hollande de poursuivre les négociations, ma réponse est que j'ai été informé que, par le gouvernement du roi de Hollande, l'assentiment de la Prusse et celui du peuple de Luxembourg avaient tout d'abord été posés comme des conditions de la cession. Maintenant, je ne saurais entreprendre de dire quel est le sentiment du peuple de Luxembourg. *Dès le début, j'avais fortement l'idée que le consentement de la Prusse ne serait jamais obtenu.* Il était stipulé que, si les conditions n'étaient pas remplies, les négociations échoueraient; mais, si le peuple de Luxembourg ne faisait pas d'objection, et si la Prusse, la puissance la plus intéressée dans l'affaire, donnait son consentement, on ne pouvait dire qu'il fût du devoir du gouvernement anglais d'intervenir dans la transaction (Écoutez).

Il aurait été nécessaire, pour arriver à une résolution définitive, de considérer les sentiments de toutes les puissances intéressées dans l'affaire, et telle fut la réponse que je fis. Je n'entrai pas dans des considérations plus détaillées, je n'ajoutai rien, par ce motif qu'hier, comme le sait la Chambre, *nous avons eu la nouvelle, non pas absolument officielle et certaine, mais que je crois vraie à certaines marques d'au-*

thenticité, que la cession du Luxembourg avait été aban-donnée. Cette nouvelle d'ailleurs m'a été confirmée par le représentant du roi des Pays-Bas, qui m'est venu voir cette après-midi, et qui m'a autorisé à la donner comme venant de son gouvernement.

Voilà, je pense, l'état de la question, en tant que la Hollande y est intéressée. Mais il m'est tout à fait impossible de dire si cela coupe court à toutes les éventualités qui pourraient surgir de l'affaire. Si la question devait renaître, elle renaîtrait sous une forme différente, et dans des circonstances entièrement différentes. Dans la phase qui vient de terminer, le roi de Hollande était supposé partie consentante. Cet état de choses est aujourd'hui complétement modifié, et je n'ai pas la prétentiou de dire ce qui pourra sortir de *la nouvelle situation créée par ce refus.* J'ai maintenant établi tous les faits, et j'ai d'autant plus tenu à le faire, que toutes les communications qui me sont parvenues, — et, quoique je n'aie aucun document à mettre sur le bureau, la Chambre peut croire que je lui ai livré toutes les informations dont je disposais ; — que toutes les communications, dis-je, m'ont donné la conviction, — une conviction que la Chambre partagera, je pense, — que nous avions raison de ne pas nous engager plus avant dans une transaction qui peut avoir des conséquences très-sérieuses, mais dans laquelle nos intérêts ne sont ni directement ni indirectement engagés (applaudissements), et où nous sommes absolument libres et affranchis de tout engagement. (Applaudissements.)

Le très-honorable baronnet a aussi dit quelque chose touchant la sécurité de la Belgique. La sécurité de la Belgique est une tout autre affaire. Sur cette question, nous sommes engagés dans des garanties que nous avons contractées avec fermeté et résolution (*involved in a guarantee very firmly and deliberally entered into*), mais la question de la sécurité de la Belgique ne s'est pas le moins du monde présentée dans le cours de la présente transaction. J'ai traité la matière telle qu'elle s'est présentée, et je crois inutile d'anticiper sur des difficultés qui ne se sont pas élevées. (Applaudissements).

Sir R. Peel. — Le noble lord a omis de répondre à une de mes questions. J'ai demandé si l'abandon de la cession du Luxembourg était due aux représentations de S. M., et le noble lord a dit que les puissances étaient d'accord pour faire des représentations.

Lord Stanley. — Non! non!

Sir R. Peel. — Pardonnez-moi. La Russie a adressé des représentations au gouvernement français. Je désire savoir si le gouvernement de S. M. a fait des représentations à la Prusse ou à la Hollande pour amener l'une ou l'autre de ces puissances à renoncer à ce projet de cession.

Lord Stanley. — Je croyais avoir répondu. Quant à une protestation écrite émanant de la Russie, c'est la première fois que j'en entends parler. Aucune information n'est arrivée au Foreing-Office, nous faisant connaître que le gouvernement russe a agi en cette affaire.

Quant à savoir si l'abandon du projet de cession est dû aux remontrances du gouvernement britannique, je croyais avoir dit que cette cession projetée, par le roi de Hollande, dépendait du consentement de la population de la Prusse, et *comme le consentement de la Prusse n'a jamais été donné, et ne sera probablement pas donné*, je ne me suis pas cru appelé à faire des remontrances, et l'abandon, si abandon il y a, n'est pas dû à l'action du gouvernement de S. M.

(Extrait du Times.)

FRANCE. — CORPS LÉGISLATIF.

Le ministre des affaires étrangères a lu dans la séance d'aujourd'hui, au Sénat et au Corps législatif, la communication suivante :

Messieurs,

L'Empereur m'a donné l'ordre de vous faire connaître les circonstances au milieu desquelles est née la question du grand-duché de Luxembourg et la situation actuelle de cette affaire. Le Gouvernement français, dominé par la conviction profonde que les intérêts véritables et permanents de la France sont dans la conservation de la paix de l'Europe, n'apporte dans ses relations internationales que des pensées d'apaisement. Aussi n'a-t-il pas soulevé spontanément la question du grand-duché.

La position indécise du Limbourg et du Luxembourg a déterminé une communication du cabinet de la Haye au Gouvernement français. Les deux souverains ont été appelés ainsi à échanger leurs vues sur la possession du Luxembourg. Ces pourparlers, d'ailleurs, n'avaient encore pris aucun caractère officiel lorsque, consulté par le roi des Pays-Bas sur ses dispositions, le cabinet de Berlin a invoqué les stipulations du traité de 1839.

Fidèles aux principes qui ont constamment dirigé notre politique, nous n'avons jamais compris la possibilité de cette acquisition de territoire que sous trois conditions : le consentement libre du grand-duc de Luxembourg, — l'examen loyal des intérêts des grandes puissances, — le vœu des populations manifesté par le suffrage universel.

Nous sommes donc disposés à examiner, de concert avec

les autres cabinets de l'Europe, les clauses du traité de 1839. Nous apporterons dans cet examen le plus entier esprit de conciliation, et nous croyons fermement que la paix de l'Europe ne saurait être troublée par cet incident.

M. JULES FAVRE. Je demande la parole.

J'ai l'honneur de déposer sur le bureau de M. le Président une demande d'interpellations qui est ainsi conçue :

« Nous demandons à interpeller le Gouvernement sur les négociations engagées et sur les résolutions qu'il a prises ou qu'il va prendre à l'égard du duché du Luxembourg. » (Mouvements divers.)

« *Signé* : Jules Favre, Garnier-Pagès, Eugène Pelletan, Jules Simon, Al. Glais-Bizoin, Ernest Picard, vicomte Lanjuinais, Marie Carnot, Paul Bethmont, Hénon, Léopold Javal, J. Magnin. »

M. LAMBRECHT. J'ai l'honneur de déposer également une demande d'interpellations **sur** la question du grand-duché de Luxembourg.

Plusieurs voix. Très-bien !

M. LAMBRECHT. Cette demande est ainsi conçue :

« Les soussignés demandent l'autorisation d'interpeller le Gouvernement sur la question du grand-duché de Luxembourg.

« *Signé* : Lambrecht, Plichon, marquis d'Andelarre, comte Hallez-Claparède, Martel. »

M. LE PRÉSIDENT SCHNEIDER. Je dois dire à la Chambre que j'avais reçu, antérieurement aux demandes qui viennent de se produire, une demande d'interpellations sur le même sujet, laquelle est ainsi conçue :

« Nous avons l'intention d'adresser des interpellations au Gouvernement à l'occasion de la question du duché de Luxembourg.

« *Signé* : Saint-Paul, Chagot, Laurent Descours, Émile Segris, Terme, Louvet, Larrabure. »

Voix nombreuses. Très-bien ! très-bien !

M. Glais-Bizoin. La conduite du Gouvernement dans cette affaire est inexplicable ! (Vives réclamations. — N'interrompez pas !)

M. le Président Schneider. Ne soyez pas si pressé : le Gouvernement va donner à la Chambre des explications.

M. Glais-bizoin. C'est le pays qui est pressé, monsieur le Président ! (N'interrompez pas ! n'interrompez pas !)

M. le Président Schneider. J'ai l'honneur de donner connaissance à la Chambre que j'ai reçu de M. le ministre d'État ampliation d'un décret ainsi conçu ;

« Art. 1er. M. le marquis de Moustier, notre ministre des affaires étrangères, est délégué pour faire au Sénat et au Corps législatif une communication relative à la question du grand-duché de Luxembourg. (Mouvement — Très-bien ! très-bien !)

« Art. 2. Notre ministre d'État est chargé de l'exécution du présent décret. »

Acte est donné au Gouvernement de cette communication.

S. Exc. M. le marquis de Moustier, *ministre des affaires étrangères*. Je demande la parole.

M. le Président Schneider. La parole est à M. le ministre des affaires étrangères.

M. Berryer. Nous demandons le renvoi dans les bureaux des demandes d'interpellations. (Bruit. — Laissez parler le ministre !)

(M. le ministre des affaires étrangères monte à la tribune. Un profond silence s'établit dans toute la salle.)

M. le ministre des affaires étrangères. Messieurs, l'Empereur m'a donné l'ordre de vous faire connaître les circonstances au milieu desquelles est née la question du grand-duché du Luxembourg et la situation actuelle de cette affaire.

Le Gouvernement français, dominé par la conviction profonde que les intérêts véritables et permanents de la France, sont dans la conservation de la paix de l'Europe, n'apporte dans ses relations internationales que des pensées d'apaisement. Aussi n'a-t-il pas soulevé spontanément la question du grand-duché.

La position indécise du Limbourg et du Luxembourg a déterminé une communication du cabinet de la Haye au Gouvernement français. Les deux souverains ont été appelés ainsi à échanger leurs vues sur la possession du Luxembourg. Ces pourparlers d'ailleurs n'avaient encore pris aucun caractère officiel lorsque, consulté par le roi des Pays-Bas sur ses dispositions, le cabinet de Berlin a invoqué les stipulations du traité de 1839.

Fidèles aux principes qui ont constamment dirigé notre politique, nous n'avons jamais compris la possibilité de cette acquisition de territoire que sous trois conditions :

Le consentement libre du grand-duc de Luxembourg ;

L'examen loyal des intérêts des grandes puissances ;

Le vœu des populations manisfesté par le suffrage universel.

Nous sommes donc disposés à examiner, de concert avec les autres cabinets de l'Europes, les clauses du traité de 1839. Nous apporterons dans cet examen le plus entier esprit de conciliation, et nous croyons fermement que la paix de l'Europe ne saurait être troublée par cet incident. (Très-bien ! très-bien ! sur un très-grand nombre de bancs. — Rumeurs diverses sur quelques autres.)

M. Eugène Pelletan. Cela ne dit rien du tout. (Exclamations.)

M. Roques-Salvaza. Vous n'êtes pas contents ?

M. Eugène Pelletan. Ce n'était pas la peine de monter à la tribune pour dire de pareilles choses. (Murmures sur divers bancs.) Alors nous demandons communication des pièces…. (N'interrompez pas !)

M. Berryer. Je demande la parole.

M. le Président Schneider. Permettez-moi, monsieur Berryer, la situation me paraît très-nette…

M. Berryer. Je crois la comprendre d'une certaine manière; permettez-moi d'expliquer comment je l'entends.

M. le Président Schneider. Je n'entends rien préjuger contre vos appréciations ; j'entends dire seulement que l'exercice du droit d'interpellations ne rencontre aucun obstacle par suite de la communication qui vient d'être faite. Si les demandes d'interpellations subsistent, elles suivront leur cours, et seront examinées dans la forme voulue par le règlement. (Très-bien très-bien !)

M. Berryer. C'est précisément ce que je voulais dire. Je voulais demander que M. le Président annonçât que les demandes d'interpellations seraient renvoyées dans les bureaux.

Je désire ajouter un mot : c'est que cette affaire, dans laquelle la France est intéressée autant qu'aucune autre puissance, a été délibérée librement dans tous les États de l'Europe, dans le parlement anglais, dans le parlement allemand dans les Chambres hollandaises, et que même le gouvernement russe en a fait l'objet d'une communication officielle à son peuple.

Dans une telle situation, la délibération au sein du Corps

législatif français est indispensable. (Marques d'assentiment sur plusieurs bancs.)

M. Glais-Bizoin. Il faut communiquer les pièces !

M. le Président Schneider. Je tiens à constater une chose, c'est que personne n'entend mettre obstacle au vœu exprimé par l'honorable M. Berryer ; mais nous sommes en présence de formes que nous devons respecter. Les choses suivront leur cours. Il restera toutefois ce fait, que le Gouvernement a pris l'initiative aujourd'hui d'une communication qui précède les demandes d'interpellations. (C'est vrai ! c'est vrai ! — Très-bien !)

M. Eugène Pelletan. Qui les suit ! qui les suit ! (Rumeurs en sens divers.)

M. Glais-Bizoin. Qu'on accepte les interpellations !

M. le Président Schneider. Demeurons dans la vérité des faits et dans leur bonne foi. En réalité, quand je communique à la Chambre un décret signé avant la séance, parce que l'honorable M. Jules Favre a pris la parole une minute avant que j'en fasse la lecture, il n'en est pas moins vrai que le Gouvernement avait pris l'initiative et que l'initiative lui reste. (C'est évident ! — Très-bien ! très-bien !)

M. Glais-Bizoin. Qu'il s'explique alors !

M. Thiers. Je demande à faire une observation.

M. le Président Schneider. M. Thiers à la parole.

M. Thiers. Nous reconnaissons parfaitement que le Gouvernement a pris l'initiative. (Ah ! ah !)

Un membre. C'est bien heureux !

M. Glais-Bizoin. Il l'a prise tardivement !

M. Thiers. Mais, dans tous les pays où l'on fait intervenir la nation dans ses affaires, on ne lui soumet jamais une question sans lui fournir les moyens de s'éclairer. Une communication de vingt lignes, quelque bonne, quelque excellente qu'on puisse la juger, ne peut suffire pour faire apprécier la question dont il s'agit. Il doit y avoir des dépêches qu'on peut nous communiquer... (Interruption. — Mouvements divers.)

Un membre. Vous préjugez la question d'interpellations.

M. THIERS. Vous voulez que la demande d'interpellations suive son cours. Les bureaux l'examineront; mais les bureaux n'en connaîtront pas plus que nous.

Dans tous les pays où l'on veut que la nation intervienne dans ses affaires, on l'instruit.

S. EXC. M. LE MINISTRE D'ÉTAT ET DES FINANCES. Je demande la parole.

M. THIERS. Sur quoi discuterons-nous? sur des pièces données par les journaux? Il faut que nous ayons des pièces; et puisqu'on a pris l'initiative, on peut communiquer, sinon toutes les dépêches, au moins quelques-unes, si l'on ne veut pas que nous soyons réduits à discuter d'une manière tout à fait conjecturale. (Bruits et mouvements divers.)

Il est impossible de discuter sur une communication qui, je le répète, n'a que vingt lignes.

M. LE MINISTRE D'ÉTAT ET DES FINANCES. Les termes mêmes de la communication dont le Gouvernement a pris l'initiative expliquent que la question du grand-duché de *Luxembourg n'est pas encore entrée dans la voie diplomatique officielle* et n'a donné lieu qu'à un simple échange de pourparlers. L'honorable M. Thiers rappelle ce qui s'est passé à propos de cette question dans d'autres parlements, à la Chambre des Communes d'Angleterre, au parlement du Nord, au parlement de Hollande.

Une question a été adressée aux ministres compétents; les ministres ont immédiatement répondu et expliqué la situation actuelle de l'affaire; c'est, messieurs, le but que nous avons voulu atteindre nous-mêmes par la communication qui vient de vous être faite. Nous n'avons pas de dépêches à déposer sur le bureau du Corps législatif, parce qu'il n'existe pas de dépêches émanées du Gouvernement français sur la question du grand-duché. Mais si les bureaux croient devoir, après examen des demandes d'interpellations, les accueillir, nous aurons à nous expliquer. (Rumeurs sur quelques bancs.)

M. GLAIS-BIZOIN. Les acceptez-vous ?

M. LE MINISTRE. Je n'ai pas entendu l'interruption.

Je disais que si les bureaux, examinant les demandes d'interpellations, croient devoir les accueillir, nous aurons à nous expliquer ; mais le Gouvernement est convaincu que la lecture attentive du document dont M. le ministre des affaires étrangères vous a donné connaissance est de nature à satisfaire les susceptibilités de la Chambre et l'opinion du pays. (Approbations sur un grand nombre de bancs. — Réclamations sur quelques autres.)

(M. Thiers se lève pour parler.)

M. ÉMILE OLLIVIER. Je demande la parole.

M. LE PRÉSIDENT SCHNEIDER. La parole est à M. Thiers.

M. THIERS. Messieurs, puisque M. le ministre d'État me fait l'honneur de me répondre, on me permettra de lui adresser une courte réplique.

D'abord, je n'ai cité les pays étrangers que d'une manière générale.

M. LE MINISTRE D'ÉTAT. C'est M. Berryer qui les a désignés.

M. THIERS. Je vous ai dit que dans aucun pays on n'a refusé, pour une question même infiniment moins grave que celle-ci, de donner à la nation les moyens de s'instruire.

Quant à la question dont il s'agit, ce qui s'est passé dans tous les pays où il y a des parlements et où des communications ont été échangées ne pourrait nous servir de règle, parce que ces pays ne sont que très-indirectement intéressés; ils ne sont en quelque sorte que les spectateurs du grand débat qui vient de s'engager. (Oh! oh!)

Un membre. Et la Hollande!

M. THIERS. Permettez! Nous avons apparemment, dans cette question, un intérêt bien autre, par exemple, que celui qu'ont l'Angleterre et la Russie.

Une voix. Et la Prusse!

M. THIERS. Nous avons une position spéciale qui nous donne le droit de demander des lumières beaucoup plus grandes que celles qu'on vient de nous fournir.

J'ajouterai que les discussions qui ont eu lieu sur ce sujet dans d'autres pays, ont été beaucoup plus développées et plus complètes que la communication qu'on vient de nous faire, et cependant notre pays a le droit d'être plus instruit, beaucoup plus instruit sur un sujet qui peut engager toutes ses destinées.... (Vive interruption.)

Comment! il y a quelqu'un ici qui pourrait m'interrompre sur ce point! Comment! les destinées de la France ne seraient pas engagées dans une pareille question? (Vif mouvement d'approbation mêlé d'applaudissements autour de l'orateur. Mouvements divers.)

Il s'agit de ses plus graves intérêts, il s'agit de son honneur, il s'agit d'une question dont la solution peut entraîner la paix ou la guerre, et vous me direz que nous avons le droit d'être indifférents ou de nous contenter?

Autour de l'orateur. Non! non!

M. THIERS. Je parle devant mon pays, je le prends pour juge. Ce n'est pas devant la communication qui vient de vous être faite que nous pouvons nous déclarer assez instruits pour discuter avec fruit. (Approbation sur plusieurs bancs.)

(M. le ministre d'État se lève pour parler.)

M. Émile Ollivier. Je demande la parole.

M. le ministre d'État. Si l'honorable M. Ollivier a une observation à faire dans le même sens, je répondrai aux deux orateurs à la fois.

M. Émile Ollivier. J'accepte l'offre de M. le ministre d'État, parce que je désirerais faire une question au Gouvernement.

Le Gouvernement vient de nous faire une communication dans le but de faire connaître au pays préoccupé... (Interruption.)

Une voix. Inquiet.

M. Émile Ollivier. Je ne veux rien exagérer ; laissez-moi dire préoccupé.

Le Gouvernement vient de vous faire une communication dans le but de faire connaître au pays préoccupé la situation exacte de l'affaire du Luxembourg.

Ce n'est point le lieu de discuter...

Un membre. C'est évident !

M. Émile Ollivier... et je ne veux point seulement le tenter ; je veux seulement dire que, bien que j'aie écouté avec la plus grande attention les explications qui nous ont été données par M. le ministre des affaires étrangères, je n'y ai pas entendu même prononcer le nom de la Prusse. Les explications qui nous ont été fournies m'ont paru surtout relatives à la partie de l'affaire qui se passe entre la Hollande et la France.

Ce n'est pas là ce qui préoccupe l'opinion publique et ce qui l'émeut. L'émotion est produite par l'attitude singulière que le gouvernement prussien paraît vouloir prendre vis-à-vis de la France....

Voix diverses. C'est cela ! Oui !

Un membre. C'est de la discussion !

Un autre membre. Laissez parler !

M. ÉMILE OLLIVIER... attitude qui, si elle était conforme à ce que les journaux du monde entier racontent....

Un membre.... Cela ne signifie rien, les journaux !

M. ÉMILE OLLIVIER.... serait offensante pour la France et ne pourrait être tolérée par elle. (Mouvements divers).

Je ne doute pas, quant à moi, que, quoi qu'il arrive, le Gouvernement ne remplisse noblement et fièrement ses devoirs.... (Très-bien).

M. BERRYER. C'est ce que nous verrons plus tard.

M. ÉMILE OLLIVIER. Seulement, et c'est uniquement le but de mon observation, s'il **a** cru rassurer et éclairer l'opinion publique par sa communication, il s'est mépris. Pour y réussir il eût fallu établir avec certitude et précision la véritable situation dans laquelle nous sommes actuellement vis-à-vis de la Prusse. (Bruit).

M. BERRYER. C'est précisément l'objet des interpellations.

M. EMILE OLLIVIER. Je comprends les difficultés d'un gouvernement qui négocie. (Interruptions).

Quelques membres. Mais tout cela, c'est de la discussion.

M. ÉMILE PEREIRE. Que devient le règlement dans tout cela ?

M. LE PRÉSIDENT SCHNEIDER. Je ferai remarquer à M. Émile Ollivier que les développements auxquels il se livre me paraissent beaucoup ressembler à une discussion ou qu'ils équivaudraient à l'introduction d'une interpellation nouvelle..... (C'est vrai !)

M. ÉMILE OLLIVIER. Je ne le pense pas, monsieur le Président, et je continue.

Le Gouvernement est libre de ne pas répondre. Je ne discute pas, je dis seulement ceci, que s'il veut calmer et éclairer l'opinion publique, il doit compléter et préciser sa communication. (Mouvements divers.)

M. BERRYER. J'insiste pour que toute discussion s'arrête quant à présent. En ce moment, il s'agit seulement, pour M. le Président, de prononcer le renvoi de la demande d'interpellation dans les bureaux ; il s'agit, pour l'Assemblée, de se retirer dans ses bureaux. (C'est cela !) Je n'admets pas que la communication qui vous a été faite par M. le ministre des affaires étrangères rende les interpellations inutiles ; je n'admets pas non plus qu'il faille entrer dans la discussion de la question qni fait l'objet des interpellations. Nous n'avons pas de discussion engagée en ce moment ; il s'agit uniquement, je le répète, de statuer sur le renvoi dans les bureaux de la demande d'interpellation. (Assentiment.)

M. LE MINISTRE D'ÉTAT. Je ne veux nullement élever cet incident à la proportion d'un débat, car ce débat serait complétement prématuré. (C'est cela ! c'est cela !) La question posée par l'honorable M. Émile Ollivier en est la preuve. Malgré la grande attention qu'il a apportée à l'audition de la communication qui a été faite par le Gouvernement, il a cru que cette communication ne prononçait pas le nom du cabinet de Berlin.

C'est une erreur qu'il a commise involontairement : la communication porte textuellement que, consulté par le roi des Pays-Bas sur ses dispositions, le cabinet de Berlin a invoqué les stipulations du traité de 1839. Elle ajoute que nous sommes prêts à examiner, de concert avec les cabinets de l'Europe, la portée des clauses de ce traité. (C'est cela ! — Très-bien !)

Je termine par un mot de réponse à l'honorable M. Thiers. Au cas où les bureaux autoriseraient, après la lecture du document qui vient d'être porté à la connaissance de la Chambre, les interpellations qui sont demandées, le moment serait venu pour mon contradicteur de formuler les questions qu'il jugerait convenables.

Quant à présent, je n'ai pas d'autre réponse à faire à ses observations. (Très-bien ! très-bien !)

M. GLAIS-BIZOIN. Acceptez-vous les interpellations ?

M. LE PRÉSIDENT SCHNEIDER. L'incident est clos. Les bureaux seront consultés et se prononceront sur les demandes d'interpellations.

Le 10 avril, la Chambre refusait d'autoriser les demandes d'interpellations à l'unanimité de ses bureaux.

9369. — Imprimerie générale de Ch. Lahure, rue de Fleurus, 9, à Paris.

www.ingramcontent.com/pod-product-compliance
Lightning Source LLC
Chambersburg PA
CBHW051149050726
47594CB00003B/1309